Quelle der Liebe

Gedichte und Gedanken

von

Birgit Schneider

marixverlag

Amavio
Quelle der Liebe

VORWORT 7

LIEBEN LERNEN
- Leben im Jetzt 13
- Traumfrau 15
- Traummann 17
- Bin' leid 19
- Gedankentanz 21
- Liebevoll, Liebestoll 23
- Treue Küsse 25
- Frühlingsanfang 27
- Könnten Augen Fotos machen 29
- Geschriebene Worte 31
- Gedankenstrich 33
- Nebeneinander - Miteinander 35
- Fenster 37
- Fremd und Vertraut 39

SEHNSUCHT NACH SEHNSUCHT
- Sechster Sinn 43
- Dauerhafte Sehnsucht 45
- Erhellende Nacht 47
- Brunnen der Erinnerungen .. 49
- Du fehlst 51
- Durchwachte Nacht 53
- Männer, die wie Kater sind 55
- Schneeflocke 57
- Winteranfang 59
- Am Tag vor dem Danach 61
- Worte 63
- Freundschaftsende 65
- Gefunden und verloren 67
- Wie viel 69

LUST & LEIDENSCHAFT
- Lust auf Dich 73
- Anbetungswürdig 75
- Der Kuss 77
- Offenbarung der Sinnlichkeit 79
- Nackt 81
- Verführte Lust 83
- Schlangentanz 85
- Frühlingsmorgensonne 87
- Körpersprache 89
- Liebesurlaub 91

SPIRITUELLE LIEBE

Quelle der Liebe 95
Das Jetzt lieben 97
Fluss der Begegnung........... 99
Das Schöne, Gute, Wahre .. 101
Aus fernen Ländern 103
Schamanische Liebe 105
Bedeutungswandel..............107
Transzendente Liebe 109
Hindernisse 111
Freudentränen 113
Versprich mir nichts 115
Das Leid der Glücklichen . 117
Die Liebe läßt 119
An Dich.............................. 121
Schichten von Liebe 123
Anfang der Gewissheit 125
Befreite Liebe 127
Erkenntnisprozess 129
Schwereloses Gleiten........ 131
Alpha und Omega 133
Unterwegs 135
Herzgedanken 137
Erkenntnis 139
Völlige Hingabe................ 141
Liebe und Leidenschaft..... 143
Lebensweg 145
Geahnte Ewigkeit.............. 147

LOSLASSEN LERNEN

Der sich schließende Kreis 151
Lebensbaum 153
Die Würde der Freiheit 155
Träume 157

Positives Denken
& Handeln 159
Neuanfang......................... 161
Stille 163
Zeit.....................................165
Zeitpfeil............................. 167
Zu 169
Inseln.................................171
Zeitlose Zeit 173
Vergebung 175
Schritte 177
Mutterliebe........................ 179
Vater´s Leitgedanken 181
Lange Verheiratet..............183
In meinem neuen Leben.... 185
Anfang und Ende 187

NACHWORT 189

VORWORT

Jeder Mensch sucht - und findet auch meist - seinen ganz persönlichen Weg zu Erfüllung, Glück und Erfolg. Dieses Buch möchte Sie auf diesem Weg begleiten und Sie vielfältig inspirieren.

Was mich am Schreiben fasziniert? Gedichte sind meistens verdichtete Gedanken und Gefühle. Andererseits lassen sie sowohl mir als auch dem Leser viel mehr Platz für eigene Assoziationen, schon beinahe vergessene Erfahrungen sowie für noch nicht ausgelebte Träume und Fantasien als ein schön ausformulierter Text. Manches ist in meinen Gedichten daher leider nur „erdichtet", mehr ein lang gehegter Wunschgedanke als tatsächlich Erlebtes.

In diesem Vorwort möchte ich in möglichst wenigen Worten meine eigene Philosophie darstellen: Das ganze Leben ist ein sich schließender Kreis (vgl. Seite 151). Die QUELLE DER LIEBE sprudelt am Anfang unseres Lebens noch unaufhörlich. Durch eigene Fehler im Umgang mit anderen sowie durch selbst erfahrene Enttäuschungen scheint ihr Fluss allmählich zu versiegen. Ängste und Zweifel schleichen sich ein, leider auch manchmal Hass. All das schneidet uns jedoch vom stets existenten Strom der Liebe ab, lähmt uns und führt uns hoffentlich nicht zu Gewalt, dem Gipfel der Lieblosigkeit. Denn das ist Gift für unsere Seele.

Hass, Intoleranz und Egoismus blockieren unsere Liebesfähigkeit und machen einsam.

Wie aber befreien wir uns von negativen Gefühlen? Meine eigene, komplizierte Lebensgeschichte hat mich gelehrt, dass Angst und Schmerz nur durch Vergebung überwunden werden kann. Vergebung ist die ‚Tugend der Könige', denn nur unfreie Personen handeln zwangsläufig, lehnen die Verantwortung für ihr Handeln ab! Wir alle sollten Verständnis und Nachsicht - auch uns selbst gegenüber - üben. Das hilft Ängste, Hass und Sorgen abzubauen. Es ist und bleibt der kürzeste Weg zu beständiger Liebe.

Am Anfang wie am Ende unseres Lebens sind wir auf die Hilfe und Zuneigung anderer angewiesen, in den Jahren dazwischen sollten wir unsere Liebesfähigkeit voll entwickeln und auskosten.
Deshalb ist LIEBE für mich das zentrale Lebensthema, um das sich Glück, Erkenntnis und Erfolg ranken. In diesem Zusammenhang möchte ich mein Lieblingszitat nennen. Es stammt von Mutter Theresa: „Wir. können kaum große Dinge tun, aber dafür viele kleine Dinge mit großer Liebe."

Meine Gedichte sind in fünf Kapitel unterteilt, die den Reifungsprozess verschiedener Arten von Liebesbeziehungen widerspiegeln. Sie zeichnen eine positive Entwicklung auf, von der zunächst noch kindlich fordernden Liebe bis hin zur gelassenen, reifen Liebe, die ein Loslassen und Verzeihen erst möglich macht.

Zwischen den Zeilen kann man lesen, dass ich zeitlebens in einer Pendelbewegung zwischen leidenschaftlicher Hingabe und Kontemplation gelebt habe. Meine Suche nach Liebe und dem Sinn des/meines Lebens hat bis heute nicht aufgehört. Die großen Gefühle, die ich auf meiner Zeitreise erlebe, möchte ich so gut es geht konservieren, um sie immer wieder mal genießen zu können.

Deshalb bringe ich Gedanken und Gefühle zu Papier; halte ich kostbare Augenblicke gerne mit Fotos fest. Etliche Bilder, die ich für die Illustration meines Gedichtbandes suchte, habe ich bei den Fotoagenturen ‚fotolia' und ‚istock' im Internet entdeckt. Denn ich habe leider oft kein passendes Bild in meinen eigenen Fotoalben gefunden, das so anschaulich den Sinn des Gedichtes wiedergegeben hätte. Mein Leben war und ist nun mal meist weniger spektakulär!

Das Schreiben ist außerdem eine so tief befriedigende Tätigkeit für mich, weil sie das LEBEN IN DER GEGENWART in den Mittelpunkt rückt, es regelrecht fokussiert. Die Zeit scheint langsamer zu vergehen. Alles fließt. - Scheinbar mühelos.

Nebel, die die eigne Erkenntnis im Alltag verhüllen, lichten sich allmählich. Die schreibende Hand kommt den Gedanken kaum hinterher (siehe Seite 31).
Das Bewusstsein ist in diesem Stadium tiefer Konzentration ausgesprochen harmonisch geordnet. Ich glaube, das ist der tiefere Sinn des Wortes „Einsicht". Mir wurde in solchen Momenten auch bewusst, dass Glück stets unbeständig ist, zumal es von vielen Faktoren und Menschen abhängt.

Sinnvoller erscheint es mir deshalb, dass wir tun, was wir können und lieben – im Beruf wie in der kostbaren Freizeit. Seither folge ich konsequenter denn je meinem eigenen Lebensweg, der den anderer Menschen, die ich sehr gerne mag, immer wieder kreuzt. An diesen Kreuzungspunkten genieße ich dafür umso mehr das Zusammensein mit meinen Familienmitgliedern, Freunden und Kunden.

Ich habe gelernt, dass man von anderen Menschen nichts erwarten sollte; dass man lieber darüber nachdenken sollte, was man GUTES für andere tun kann. Und da man seine Existenz nicht völlig begreift – egal wie lange man darüber siniert – sollte man nicht auf das launische Glück warten, sondern lieber andere und zugleich sich selbst möglichst oft glücklich machen.
… und damit schließt sich wieder der Kreis.

I.
Lieben lernen

LEBEN IM JETZT

Ich denke und ich fühle
das JETZT könnte uns mehr geben.

Wir haben damit angefangen die Gedanken umzusetzen,
in denen das Leben verborgen ist.

Lass uns die wenige uns gegebene Zeit
mit Beweisen unserer gegenseitigen Zuneigung verschwenden,

denn nichts soll verloren gehen,
wonach wir sehnsüchtig suchen.

Wir wollen das Leben ausleuchten
und durch uns erkennen, wonach wir streben.

Beide wissen wir,
wir können das nur mit dem Licht und der Wärme des Anderen,

mit aufrichtig empfundener Liebe
und einem tiefen Vertrauen in uns selbst und den Partner.

TRAUMFRAU

Mit ihren Haaren
spielt der Sommerwind

Hinter ihren Augen
leben Träume

Auf ihren Lippen
schlafen Küsse

Auf ihrer Haut
ruht Seelenfrieden

Mit ihren Händen
schafft sie Lebensfreude

Auf festen Beinen
steht ihre Liebe

TRAUMMANN

Als Sieger geboren
gereift bis zum Mann,
Schwächen hat er verloren
an Persönlichkeit er gewann.

Von Sanftheit gefangen
begehr' ich seine ganze Liebe,
gemeinsames Glück zu erlangen
ewige Sehnsucht jenseits der Triebe.

Kosmisches Glück,
Pfeile mitten ins Herz,
kein Zweifel, kein Zurück
nur bittersüßer Liebesschmerz.

BIN'S LEID

die vergebliche Suche in all den letzten Jahren,
nach dem Partner, dem Ja-Wort, dem klaren,
nach beständiger Liebe und Wahrhaftigkeit,
all den schönen Erlebnisse, die nie Wirklichkeit.

In Dir seh' ich ein großes Ziel.
Glaub' bitte nicht, es sei ein Spiel,
ich lasse mich nun endlich los
und find es einfach grandios.

Neue Hoffnung steigt in mir auf,
bestimmt, beschwingt meinen Lebenslauf.
Immer wieder schön, dich zu sehen,
lasse mich bitte Dich richtig verstehen.

GEDANKENTANZ

Die Flügel unserer Gedanken
sie berühren sich,
verbinden auf ewig
Dich und mich.

Tanz auf Wolke 7,
Tanz von Liebe um ihre Mitte,
leben im Regenbogenland
leichte, bewusste und gekonnte Schritte.

LIEBEVOLL, LIEBESTOLL

Verführe mich in Deine Welt,
zeige mir, was Dir gefällt,
öffne mir auch die letzten Räume,
zeige mir Deine Reiche, Deine Träume.

Entkleide auch Deine zarte Seele,
damit es der Liebe an nichts fehle,
lass sie mich zu Dir begleiten,
schätzen lernend unsere Weiten.

(nach T. Plöger)

TREUE KÜSSE

Irgendwann
ist jeder Wunsch vergebens,
erfreut man sich nicht mehr
seines eigenen Lebens.

Lass uns Träume ausleben
so lang und wild man kann,
vergiss die alten Sorgen
fang zu lieben an!

Das Leben besteht
nur aus Augenblicken;
gib Dich ihnen ganz hin
erlebe das Beglücken.

Keiner von uns weiß, wann
wir voneinander lassen müssen,
wahres Glück find ich nur
in Deinen treuen Küssen.

FRÜHLINGSANFANG

Lass uns die wiederkehrende Wärme genießen.
Der letzte Winter war arg lang.
Wir öffnen die Fenster zu unseren Herzen
und sehen alles in der Farbe der Liebe an.

Lass Arbeit und Ärger hinter Dir,
verschließe jedoch keine Deiner Türen,
dränge nichts zur Vollendung hin
-die Bestimmung wird uns führen!

Die Welt wird schöner mit jedem Tag.
Mal schau'n, was das Schicksal zu verändern mag.
Alle Lebewesen sind erregt, kaum dass sie erwacht.
Alles fließt, verändert sich von selbst über Nacht.

Wer jetzt nicht aufblüht, lebt in der Vergangenheit
Jeder, der jetzt noch allein ist, wird es lange bleiben,
wird wachen, warten, denken und dichten,
unruhig schlafen bis im Winter sogar die Kälte friert.

KÖNNTEN AUGEN FOTOS MACHEN

Könnten Augen Fotos machen,
dann wollte ich ein Bild von Dir
in Farbe, lebensgroß,
rahmenlos und sonnenwarm.

Fielen Gedanken auf Papier,
dann wollte ich ein Buch mit Dir
fester Einband, Endlosseiten,
wortlos schön und ohne Ende.

(nach Armin Sengbusch)

GESCHRIEBENE WORTE

Wenn ein ruhiger Platz
inmitten der schnelllebigen Zeit
zum Denk- und Schreibtisch wird,

kann ich in dem mir eigenen Tempo
Gedanken hervorbringen und fixieren,
Worte suchen und erfinden.

Beim Schreiben wird manches klarer,
werden Gefühle in Erinnerung gerufen,
unbewusst erzeugt, in Bezug zueinander gesetzt.

Berauschend ist es,
wenn es mich beim Schreiben richtig fortreißt,
die Hand den Gedanken kaum hinterher kommt.

Niedergeschriebene Worte sind
ein wichtiges Stück von mir,
das ich auf eine Reise schicke.

Spannend ist,
nie genau zu wissen,
wie ich bei Dir ankomme.

GEDANKENSTRICH

Weg vom Wort
zum wortlosen Verstehen

Deiner Sprache nicht mächtig sein
und dennoch alles verstanden haben

In Deinem vielsagenden Gesicht
Freude und Sorgen lesen können

Durch das Schweigen sprechen
wahre Worte lange wirken lassen

Der Gedankenstrich verbindet in Dir
alte Erfahrungen mit neuen Vorstellungen.

Wortlos verbindet er auch Dich und mich
- leichtfüßiger Tanz auf dem Gedankenstrich

NEBENEINANDER – MITEINANDER

Wir leben ein Leben
in verschiedenen Welten,
die wir versuchen
zu verbinden.
Wir lassen unsere Vorstellungen
gleichzeitig gelten.
- Die gesuchte Lösung
wird uns finden!

Oft vermag man nicht
das Beste zu vollbringen,
gibt man sich lange
vergebens hin.
Unser Entwurf wird uns
vielleicht nicht gelingen,
- aber versuchen
sollten wir ihn!

Wie hasse ich das Wort,
was Abschied heißt
nach den von uns
gestohlenen Stunden,
weil er schöne Bilder zeigt
und dann zerreißt.
- Welch ein Glück
wir haben uns gefunden!

Die Liebe kommt nie,
sie ist von Anfang an da,
existiert erst in der Phantasie;
wie es bei uns war.
Eng verschlungen einschlafen,
in Liebe eingehüllt
- von erlebten Träumen
ganz und gar erfüllt.

FENSTER

Spontan
habe ich
alle Fenster
zwischen
meinem Geist
meiner Seele
und Dir
aufgestoßen,
damit unsere
Gedanken und Gefühlsströme
ungehindert
hin und her
fließen können
und um Dich
in mir aufzunehmen,
Dich mit zu nehmen,
wohin Du mir sonst
nicht folgen kannst.
Das Bild
was ich von Dir habe
spiegelt sich
tausendfach in mir,
dringt in die
dunkelsten Gänge
meiner inneren Mauern,
wirft Licht
auf alle Lebensbereiche,
leuchtet Räume
in mir aus,
die mir vorher
unbekannt waren,
schafft Verbundenheit
mit Dir
- trotz aller Ferne.

FREMD UND VERTRAUT

wie viel Fremdheit
trennt uns noch
von der Gewissheit

wie viel Analoges
wird uns voranbringen
Ungewissheit zurücklassend

(nach T. Plöger)

II.

Sehnsucht nach Sehnsucht

SECHSTER SINN

Kennst Du die Farbe
der Sehnsucht?

Ahnst du den Klang
unausgesprochener Worte?

Spürst Du den Geruch
der Traurigkeit?

Bemerkst Du den Geschmack
des Überdrusses?

Fühlst Du den Rhythmus
der Vergänglichkeit?

DAUERHAFTE SEHNSUCHT

Die ewige Sehnsucht ist was Hässliches,
doch sie hat was absolut Verlässliches.

Die schönen gemeinsamen Stunden,
die wir haben für einander geklaut, gefunden

sie schwinden stets viel zu schnell,
im Nu begegnet uns der Alltag wieder grell.

Sich auf einander freuend spürt man die Zeit
und Zeit meint stets: bald ist's soweit.

Das Schöne gibt uns Grund zur Trauer
unsere Sehnsucht allein – sie ist von Dauer!

ERHELLENDE NACHT

Es war ein langer, anstrengender Tag,
der Dich deinen Zielen näher gebracht haben mag.

Wir haben uns weder gesprochen noch gesehen.
Wird es immer so weitergehen?

Dämmerung kommt nachtblau geflossen,
eh Du meine Liebe hast ausgiebig genossen.

Kalter Wind schüttelt die Bäume,
Wolken ziehen wie schwere Träume.

Sehnsucht wächst wie ein wilder Fluss
mit jeder Stunde, jedem Gedankenkuss.

Findest Du bei mir die ersehnte Ruh
schaut das Schicksal nicht tatenlos zu.

BRUNNEN DER HINDERNISSE

Am Tag danach
erwache ich aus ruhelosem Schlaf
mit der Schwere
unerfüllbarer Träume,

die ich im Brunnen der Erinnerung
aufheben möchte,
in den ich hin und wieder steige,
um im Halbdunkel

wieder jene Bilder zu sehen,
die wie Schatten der Wirklichkeit
hier unten noch lange
an den Wänden tanzen.

Dieses Eintauchen in die Vergangenheit
geschieht in der großen Hoffnung,
mit einem Glücksgefühl
wieder emporzukommen.

DU FEHLST

Du bist gegangen, gern ginge ich auch.
Im dunklen Zimmer geblieben, ist nur Dein Duft,
gemischt mit Kerzenrauch.
Ich geh' zum Fenster die Gardine wegschieben.

Im kalten Abendwind beugt sich ein Strauch.
Wieder sehe ich nicht Deinen Schatten wandern,
Atem trübt die Scheibe mit jedem Hauch.
Nichts bedeutet mir die Verehrung aller andern.

Die Wände starren mich an, sagen keinen Ton.
Allein find ich nicht alles was ich bin und hab.
Hoffentlich bald ist unser Wiedersehen schon.
Bis dann denk' ich an Dich und find mich damit ab.

DURCHWACHTE NACHT

Verlustangst tropft aus der Haut
in die Schwärze der Nacht.
Wie hasse ich diese bleiernde Zeit,
in der man die Einsamkeit schreien hört.

Ich mag auch nicht den Tag,
der die Unruhe nährt, die nun währt.
Ich mag das Schwarze in unserem Licht nicht,
das unsere Träume verschluckt.

Seit ich weiß, dass ich Dich liebe
sehe ich vieles wunderbar klar,
kein Berg ist noch zu hoch
und kein Weg zu zweit zu weit.

MÄNNER, DIE WIE KATER SIND

Tagelang ist er schon allein unterwegs.
Kein Zeichen, dass es ihn noch gibt.
Ich dachte anfangs, was soll schon passieren?
Er kommt gewiss zu mir zurück.

Draußen ist es schneidend kalt.
Kein Grund für ihn zurückzukehren.
Er ist mit sich selbst auch gut zu zweit.
Ein Fremdwort ist für ihn Einsamkeit.

Manchmal glaube ich, ihn zu hören
und schaue aus dem Fenster raus.
Wieder ist es nur der Wind, der lautlos bläst,
welke Blätter gegen Häuser schmeißt.

Männer, die wie streunende Kater sind
findet man überall, trifft man immer wieder.
Mit ihnen kann man nicht lange glücklich sein,
weil Frauen so wie Hunde sind.

(nach Armin Sengbusch)

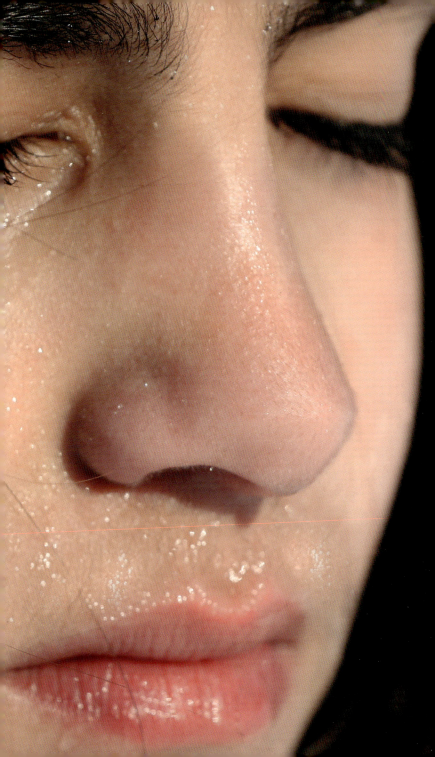

SCHNEEFLOCKE

Als weiße Schneeflocke
kamst Du vom Himmel getanzt,
bist Du auf meinen Lippen gelandet,
Wärme suchend schmelzend.

Als Tropfen von mir abgeleckt
durch meinen Körper rinnend
konntest Du mir so nahe sein
wie niemand zuvor und danach.

WINTERANFANG

Manchmal ist das Leben hart und stumm.
Man meint der Winter wird grad geboren.
Der schöne Liebessommer ist nun rum.
Alle Hoffnung und Geduld geht verloren.

Jeder von uns sucht von Zeit zu Zeit
den Ort erfüllt von Wärme und Licht.
Doch hin und wieder
finden wir ihn nicht.

AM TAG VOR DEM DANACH

Am Tag vor dem Danach
sitze ich in der Träne Bitterlich,
die aus Deinen Augen fällt.
Unsere Träume zerplatzen – so wie ich.

Am Boden bin ich nun,
aus den Augen aus dem Sinn
fällt auch eine große Träne
direkt vor mich hin.

(nach Armin Sengbusch)

WORTE

lustiges
Lachen

kennzeichnet
kaum

leidenschaftliche
Liebe

deutlicher
demonstriert

tränenreiche
Trauer

große
Gefühle

FREUNDSCHAFTSENDE

DIESE STILLE IST DEIN WILLE
OHNE REGUNG BLEIBST DU FERN
GANZ BEKÜMMERT SEH ICH SCHWINDEN
UNSRE FREUNDSCHAFT, MEINEN STERN
KEINE CHANCE, KEINE HOFFNUNG
DIESE TRAUER – FÜRCHTERLICH
KEINER STEHT MIR JETZT ZUR SEITE
WERDE GLÜCKLICH! – ICH LIEB DICH!

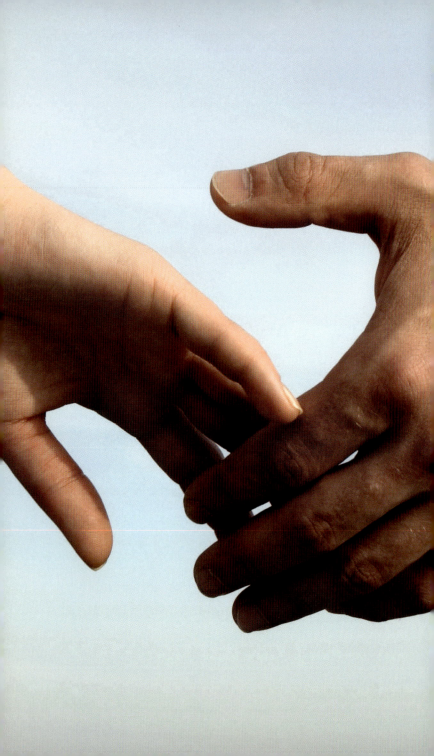

GEFUNDEN UND VERLOREN

Am Ende der Sehnsucht
haben wir uns endlich ganz.
Verschwindet dann die Lust,
Verblasst so aller Glanz?

Was meinst Du?
Sind wir für einander geboren?
Oder haben wir jemanden gefunden
und uns selbst dabei verloren?

WIE VIEL

abgrund
undurchdringliche psyche
fremdheit und intellektuelle komplexität
vielfalt von unauslöschlichen wundern
identifikation mit allem was die erde je
bevölkerte und was wieder verschwand
geheimnisse zurücklassend
wie viel
suche nach dem biologischen analogen
reichtum an erfahrungen
verlorene zeit
bringt uns
die scheiss sehnsucht
nach dem
anderen

(nach Eduardo Paiva)

III.
Lust & Leidenschaft

LUST AUF DICH

Ganz unerwartet kommt sie oft
die spontane, heftige Lust auf Dich.
Ausgerechnet, wenn ich auf sie verzichten muss
quillt sie hervor
wie ein junger, klarer Bergbach
erfrischt und weckt mich
erzeugt eine wohlige Gänsehaut
lässt süße Erinnerungen auftauchen
reißt mich aus meinem Alltag
und spült mich
an Deine
Ufer.

ANBETUNGSWÜRDIG

dein gesamter Körper, total enthüllt
jede pulsierende Ader, blutgefüllt
jedes stehende Haar, unbändig,
Seiltänzer des Lebens, freihändig.

Anbetungswürdig
jede trockene Falte auf Deiner Haut,
die sich meine Hände zu berühren getraut,
jede Wölbung, jeder Schatten,
den wir mit Sinnlichkeit belebt hatten.

Anbetungswürdig
die Weite von Deinem Geist,
der Liebe, Freiheit, Wissen heißt,
Deine Zuversicht und Mut
tun mir immer wieder gut.

DER KUSS

Auf Liliendüften kommt die Nacht gezogen,
der Wollust Fackeln erhellen den Raum.
Wir genießen den Rhythmus der sanften Wogen,
merken das Vergehen der Stunden kaum.

Die Sehnsucht küsst erst auf die Augen,
dann auf den Mund, Brust und alle Glieder voll Verlangen.
Unsere Lippen wollen unermüdlich saugen,
zumal so viel Zeit dazwischen ist vergangen.

Jeder Kuss von Dir
haucht mir neue Hoffnung ein,
entfacht meine Liebesbegier,
lässt mich wunschlos glücklich sein.

So ein langer, inniger Kuss
trägt mich wie auf Schwingen
durch die Begierde zum wahren Genuss,
lässt das ew'ge Liebeslied erklingen.

Oh, dass dieser Kuss doch ewig dauern möchte.
Liebster, lass uns gemeinsam galoppieren
auf dem Ross der Leidenschaften durch ungezählte Nächte,
neue Spiele und Wege ausprobieren.

OFFENBARUNG DER SINNLICHKEIT

Ein einziger Kuss von Dir,
der mich tief berührt
wirkt wie Magie in mir
und ich bin entführt.

Er berauscht mich wie Musik,
zündet Feuer an.
Sieh wie ich in Deinen Armen lieg'
gezogen in deinen Bann.

Fühl mit Deinen Händen,
was meine Seele vermisst,
sag mit Deinem ganzen Körper,
was mit Worten unaussprechlich ist.

Lass mich immer wieder lesen
in Deinem schönen Gesicht.
Hinter verschlossenen Lidern
seh' ich Dich in einem besonderen Licht.

Hör' nur lange genug in Dich hinein,
dann verstehst Du mich irgendwann.
Gleite in ein wohliges Bad der Gefühle,
das die Lust zum Rausch steigern kann

Heut' will ich die sein,
die mit Dir lacht,
die Dein Blut vor lauter Glück
ganz rasend macht.

Ein Feuerwerk der Gefühle
macht geheime Wünsche wahr,
macht die Welt viel schöner
als sie bisher war.

(nach dem Musical „Sunset Boulevard")

NACKT

Befreit von Kleidern, Zwängen
Alltagsstress und Routinegängen,
so wie man ist begehrt,
geliebt und verehrt

fühlt man sich so richtig wohl,
avanciert man zu seinem eigenen Idol.
Geheime Wünsche werden wahr,
das Leben erscheint hell und klar.

Nackt sein und ganz offen
mal sehr glücklich, mal betroffen.
Doch wir sind nicht aus dem Stoff erdacht
woraus all die Träume sind gemacht.

Nackt vor sich selbst bestehen,
eine gradlinige Entwicklung sehen
ist die wahre Lebenskunst,
bedeutungsvoller als jene Gunst.

Nur wahre Größe wird nie vergehen,
ist zauberhaft schön anzusehen
für jemanden, der richtig liebt,
weil es nichts Großartigeres gibt.

VERFÜHRTE LUST

Verführerisch schmachtend sehe ich Dich an,
während Du mich ziehst in Deinen Bann.
Voll Anmut, voller freudiger Erwartung und Lust
liegst Du neben mir an meiner Brust.

Lässt mich der Wollust Vorgefühl in vollem Maß genießen,
während Fluten von Küssen sich über unsere Körper ergießen.
Wieder einmal entzückt die Lust den Geist,
der unserem Tun die Richtung weist.

Langsam entfachen wir die Liebesglut,
dass es uns geht durch Fleisch und Blut,
getrieben von verzehrendem, glühendem Verlangen
erfreuen wir uns an lodernden Liebesflammen.

Während wir auf diese Art viel Zeit miteinander vergeuden
genießen wir sämtliche möglichen sinnlichen Freunden
und bevor wir schließlich zum Ziel erhörter Lust gehen
können wir nicht satt genug aneinander sehen.

Ein Tag wie dieser steht so lange für sich allein
darf er nur ein einzelner seltener Höhepunkt sein.
In der Hoffnung, dass alles Liebeswerben ist nicht vergebens
schenke ich Dir fortan die schönsten Jahre meines Lebens.

Wann immer ich nun meine Augen schließe
ich das stille Glück genieße,
mit Dir einst zusammen gekommen zu sein
mich seither nie mehr zu fühlen ganz allein.

SCHLANGENTANZ

Sie wird wach
sowie sie Dich sprechen hört,
steigt empor und fängt an zu tanzen
im Rhythmus Deiner streichelnden Hände,
erzeugt durch ihre wiegenden Bewegungen
jenes schöne flaue Gefühl im Magen.

Sie verbindet Bauch und Kopf miteinander
sowie auch uns beiden,
wann immer Du mir das Gefühl gibst,
dass Du bei mir gefunden,
wonach Du gesucht hast.

Während wir schließlich erschöpft und entspannt zugleich
eng beieinander liegend einschlafen
lässt sich die Schlange langsam
über viele Stunden hinweg
auf ihren Platz nieder.

Im Gegensatz zu uns
scheint sie manchmal
tagelang nicht zu schlafen.

FRÜHLINGSMORGENSONNE

Als über Deinem Haus die Sonne stieg im Osten
auf dem weichen Blütenmeer lag mein Gesicht,
wollten wir noch einmal von der Liebe kosten,
eh' für jeden von uns ein anderer Tag anbricht.

Deine Gedanken umwoben mich mit goldenem Licht.
Zärtliche Worte entschwebten Geist und Lippen,
das Dahinfließen der Stunden bemerkten wir nicht,
ich spürte wohlig, wie Deine Blicke an mir nippen.

Mit Händen auf Haut, symbolisch Kreise schreibend
enthüllten wir geheime Wünsche, scheuten wir uns nicht,
eben Erdachtes zu vollziehen, sich selbst treu bleibend,
bis wir umgeben waren von einem Cocoon aus hellem Licht.

Obwohl der Morgen begann zu schwinden
holte uns der Alltag noch nicht ein,
wollten wir erneut uns liebevoll ergründen,
wenigsten für Momente Eins und Alles sein.

Auf Flügeln trug Dein Atem dieses Fühlen hin zu mir.
Liebesfreundschaft war für Dich nie leichter, lichter.
Vom Grund dieses Augenblicks drang Licht zu mir und dir.
Auch mein Empfinden war niemals reicher, dichter.

KÖRPERSPRACHE

Augen sehen,
Augen verzücken,
suchen die seltenen
Augenblicke.

Lippen sprechen,
wenn sie schweigen,
wollen laut sein,
Gefühle zeigen.

Hände spielen,
wollen alles berühren,
anfängliche Scheu überwinden,
gekonnt verführen.

Hautnahe Haut
wird heißer, fühlt
den heft'gen Atem,
der sie kühlt.

Die Nase schmeckt,
die Zunge leckt,
was das Auge enthüllt,
grad erst entdeckt.

Zuschauer stören,
nur verliebte Ohren hören
die schöne Stimme,
die sie betören.

Finger tasten,
ohne zu rasten.
Alle Lustzentren spüren's
die Kunst des Verführens.

LIEBESURLAUB

Lieb mich in den Armen des Windes,
wild und wollüstig,
aus der Ferne und hautnah,
über kühlen Tiefen,
zwischen glühenden Küsten
und Tagen schillernden Lichts.

Lass uns die schwarze Stille im Lee wecken,
wieg mich im Takt der wortstarken Wellen,
über die wunderbare Weite
der noch unbekannten Welt hin
alles heraussprudelnd lassend.

Warme Worte, weich wie Wasser.
Gemeinsam reisend werden wir
jeder für sich und einer für den anderen
die Vollkommenheit des Vergänglichen
suchen und sehen.

IV.
Spirituelle Liebe

QUELLE DER LIEBE

Zwei Körper, die sich endlich finden
alles fallen lassend sich eng umeinander winden
fragen nicht, bin ich jetzt oben oder unten
haben beide etwas verloren und gefunden.

Gefühle entstehen ungewohnt stark und laut,
weil einer dem anderen aus Liebe traut;
berauschend wie Wasser, das heftig wallend
vom höchsten Punkt aus in tiefe Schluchten fallend

einen tiefen, ruhigen See langsam bildend,
beim Überlaufen unermessliches Glück schildernd,
schließlich zu neuen Ufern aufbricht,
dabei seine eigene Sprache spricht.

DAS JETZT LIEBEN

Suche nicht nach Liebesglück,
suchen ist das Gegenteil
von Glücklichsein,
den Augenblick geniessen.

Suchen macht süchtig,
läßt nicht ruhen.
Innerer Friede, Zufriedenheit,
ist das wahre Glück.

Bewusstsein ist die Kraft,
des gegenwärtigen Augenblicks,
sieh´ die tiefe Vollkommenheit,
die dem Leben innewohnt.

Die eigene Einstellung,
verändert unsere Wirklichkeit.
Was wir nicht haben können,
das soll nun mal nicht sein.

Trenne dich vom engen Bewusstsein der Jugend,
alten Blockaden und falschen Erwartungen,
nimm dem Augenblick das Zeitgefühl,
die Lösung wird uns finden.

FLUSS DER BEGEGNUNG

Auf verschlungenen Traumpfaden
werden wir uns
immer wieder sehen.

Unter Wasserfällen
der Tränen unserer Sehnsucht
wieder und wieder lieben.

Du bist für mich die Quelle,
der die Liebe entspringt.
Ich bin ein Seitenarm des Flusses,

nur ein Teil seiner Richtung
seines Auftrages, seines Endes
dem wir beide folgen.

(nach T. Plöger)

DAS SCHÖNE, GUTE, WAHRE

Es gibt
so viel Schönes auf dieser Welt,
alles, was Dir gefällt,
Unerwartetes, Unentdecktes,
lang Ersehntes, gut Verstecktes
in Dir und in mir
dort und hier.

Es gibt
mehr Gutes als wir glauben und erkennen;
lass es uns beim Namen nennen.
Es passiert bereits mehr als wir wissen.
Spürst Du dies auch beim Küssen
in Dir und in mir
dort und hier?

Es gibt
nicht nur eine Chance und eine Wahrheit,
nicht nur gute Gedanken und Aufrichtigkeit,
aber nur ein Leben auf dieser Welt.
Denke nach und wähle, was Dir gefällt
in Dir und in mir
dort und hier.

AUS FERNEN LÄNDERN

Deine streichelnden Hände
lösen Schichten
aus Angst und Enttäuschung von mir,

wirken heilend,
erschaffen mich neu,
wie ich immer sein wollte.

Aus fernen Ländern
kommt mein Körper zurück
und gehört wieder mir.

(nach Zeruya Shalev)

SCHAMANISCHE LIEBE

Da wo Du
an Grenzen stößt
auf der Schwelle
zu neuen Räumen,
alte Wege verlassend,
da steht sie und lächelt
vielsagend, fragend,
fern jeder Benennung
und wissend
um die Schwierigkeit
der Begriffe und Worte
um das zu erklären,
was das Sein mit ihr
so einfach macht,
weil nichts trennt.

BEDEUTUNGSWANDEL

Was bedeutet Freundschaft,
Verzicht, Erfüllung und Kraft?

Ist und bleibt es stets Liebe
diesseits und jenseits der Triebe?

Wir werden uns diese Fragen
bis ans Ende von unseren Tagen

immer wieder von neuem stellen,
täglich ein etwas anderes Urteil fällen.

Nichts bleibt – alles fließt.
Jedoch eine Seele die andere nie vergisst!

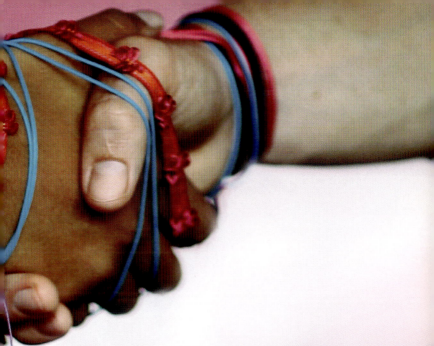

TRANSZENDENTE LIEBE

Überschreiten aller Grenzen,
des Gewesenen und der Gegenwart
der Wirklichkeit und des sinnlich Wahrnehmbaren
der Struktur alles Seienden.

Überschreiten auch des Egos,
in dem der Mensch normal in sich eingeschlossen ist.
Glaube an die ewige Existenz Gottes und des Guten,
das sich über eigene Einsicht und lichtdurchflutete Liebe offenbart.

Im Bewusstsein der magischen Macht des unbekannten Unbewussten
absolut nichts fordernd, hoffend oder erwartend
sich inneren Frieden, Freiheit und Freude schenken lassend
verleiht die transzendente Liebe jene göttliche kreative Kraft.

HINDERNISSE

mir
mir allein scheint,
dass kein Mann
jemals
einer Frau das bedeutete,
was Du für mich bist
trotz der Entfernung,
der ewigen Sehnsucht
aller Hindernisse,
die für uns
keine
sind.

(nach Elisabeth Barret)

FREUDENTRÄNEN

Schicksal führt zu einander hin,
ist wie die unsichtbare Göttin,

die viele Freudentränen lacht,
aus denen sie die Menschen macht.

Sowie ein Tropfen einen anderen berührt,
fließen sie zusammen, voneinander verführt.

Die meisten Tränen verdunsten leise,
auf der ihnen eigenen tragischen Weise.

Doch zwei Tränen fanden sich,
verbanden ewig Dich und mich

zu einem Tropfen dick und rund,
der hinab rollt zu dem Grund,

sich bewegend auf neuem Gelände,
zu lösen jede Furcht vor dem Ende.

VERSPRICH MIR NICHTS

als diese eine Freude,
dass unsere Liebe
in all den Wirren
nie verloren geht.

Alles,
was sie in Dir
geweckt und bewirkt hat
lass reifen.

Wann immer
es Dein freier Wille ist,
nimm meine Hand;
wir werden einen Weg finden.

(nach Caroline von Winsingen)

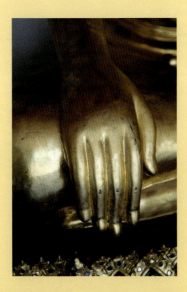

DAS LEID DER GLÜCKLICHEN

Die große Liebe
ist das Leid der Glücklichen,
ewiger Ansporn zum Wachstum
über sich selbst.

Ziel, mit einem Lichtstrahl geschrieben,
der den schönen und zugleich
schwierigen Weg aufzeigt,
auf dem man nur selten gemeinsam wandert.

Bedingungslose Liebe
ist pure positive Energie,
die Kraft, sich zu entwickeln,
zu tragen, alles zu ertragen.

Liebe erfordert Ausdauer,
Mut und Eindeutigkeit,
die Standfestigkeit
eines angewurzelten Baumes.

DIE LIEBE LÄSST

Die Liebe lässt
jeden seinen Weg
finden und gehen
den anderen so sein
wie er ist.

Die Liebe lässt
durchsehen durch den Winter
in den Frühling,
ganz deutlich fühlen,
dass alles Große
ewig und eins ist
aber nicht alt wird,
der einzige Reichtum ist,
der Bestand hat.

Nur die aufrichtige Liebe
lässt uns schauen
auf den Grund aller Dinge,
von allem Sein,
manchmal sogar bis
in das Seelenuniversum hinein.

AN DICH

Kalt war's lange – Frühling nun ist's.
Diesen Sommer erlebe ganz bewusst,
genieße mit ihr auch den bunten Herbst,
damit die Liebe im Winter nicht friert.

Deine Seele, die ihr göttliches Recht
bisher nicht fand kann sonst nicht ruh'n.
Erlebst auch Du jetzt eine Grosse Liebe
bist Du erlöst – mehr bedarf es nicht!

(nach Hölderlin)

SCHICHTEN VON LIEBE

In vertrauensvoller Ergebenheit,
als sei es unsere Bestimmung,
öffnen wir uns für einander,
verwöhnen wir einander mit Zärtlichkeiten,
sagen wir mit unseren nackten Körpern,
was mit Worten unaussprechlich ist.
In solchen Nächten,
die nie enden sollen
ziehen wir eine Schicht Liebe über die andere
wie Kleidungsstücke im Winter.

ANFANG DER GEWISSHEIT

Egal
woher ich träume,
was auch immer geschieht,
wohin ich leben mag,
welche Ebene ich auch entdecke,
welchem Geist ich begegnen werde,
stets entscheidet es sich in mir
für unsere erprobte Art
der Liebe.

BEFREITE LIEBE

Von der ersten zärtlichen Berührung an
hast du mir den Verstand verwirrt,
mich verwundbar gemacht.

Das unbändige Glück, Dich zu lieben
wechselte mit dem Schmerz,
Dich vielleicht vergeblich zu lieben.

Eine grausame Zeit lang,
getrieben von Unruhe und Zweifeln,
empfand ich erstmals Verlustangst.

Tag und Nacht klebte dieses Gefühl
an mir wie ein hässlicher Flecken,
ein nicht abzuwaschender Makel.

Dieser Zustand wurde schier unerträglich,
bis es mir gelang, den Drang abzuschütteln,
Dich zu besitzen, weder Dir noch einem anderen zu gehören.

(nach einen Roman von Isabel Allende)

ERKENNTNISPROZESS

Glauben allein schafft keine Gewissheit,
keine innere Sicherheit in Bezug auf einen Sachverhalt,
dafür aber ein gefühlsmäßiges Vertrauen.

Den Blick nach innen gerichtet,
führt das Sehen hinter verschlossenen Lidern
zur Erkenntnis über das eigene Wesen und der Welt.

Die unmittelbare, intuitive Einsicht,
das Verstehen von Wesensmerkmalen und Erinnerungen
ist das Ergebnis einer durch Erfahrung gewonnenen Kenntnis.

Doch erst wenn die eigene Erkenntnis
für alle Menschen gleichermaßen gültig ist
wird aus ihr intersubjektiv überprüfbares Wissen.

Deine und meine Lebenswelt und Vergangenheit
sind so verschieden wie wir es als Persönlichkeiten nicht sind,
deshalb nähern wir uns immer wieder einander an.

Wichtiger als alle wissenschaftlich gesicherte Erkenntnis
erscheinen mir deshalb all jene Aussagen,
die nur mit Wahrscheinlichkeit gemacht werden können:

Es gibt es keinen vorprogrammierten Ablauf,
das Meiste geschieht ganz ohne unser Zutun.
Die Lösung wird uns zum richtigen Zeitpunkt finden.

Das Leben und die Liebe geben niemals Garantien,
aber ich glaube fest daran, dass wir vom Schicksal
immer wieder mal eine faire Chance erhalten.

SCHWERELOSES GLEITEN

Gemeinsames Gleiten
durch unbeschwerte Zeit,
das Ahnen von Großem
und von Ewigkeit.

Verschmelzung von Wesenskernen,
sich Zeit nehmend
Seelenruhe genießen,
lieben lernen.

ALPHA UND OMEGA

Ich liebe Dich
Du bist für mich

Alpha und Omega
Anfang und Ende

einer Liebesgeschichte
aller Liebesgedichte

mein schönster Gedanke
mein letzter Wille

Anlass zu Tränen
der Freude und der Sehnsucht

Ursprung allen Begehrens
und sein Bestimmungsort

der einzige Mann, der mich
fasziniert und inspiriert

UNTERWEGS

Ich bin nicht mehr hier
und bin noch nicht da.
Doch bin und bleib ich
dir stets sehr nah.

Ich bin unterwegs,
ganz außer mir,
weil tief in mir
ich die Erfüllung sah.

Es ist eine Zeitreise
im Schatten des Windes.
Der Sand der Zeit sickert
unaufhaltsam durch meine Hände.

Es gibt kein Zurück mehr;
nur einen weiten Weg
zu den mir neuen Ufern
des Alten Wissens.

HERZGEDANKEN

Liebe kann nur in Freiheit leben,
ganz ohne Angst vor dem Verlust.
Nur so kann sie alles geben,
der Veränderungen sind wir bewusst.

Herzgedanken nähren uns're Seelen,
sie sind ein Teil der erahnten Ewigkeit.
Vertrauen darf uns niemals fehlen,
weil es von Zweifeln stets befreit.

Deine und meine Phantasie kennt kein Ende
Wir lassen ihr den völlig freien Lauf,
sie füllt unbekannte Räume, ganze Bände,
führt uns zueinander, steil bergauf.

Gedanken sollte man nicht lenken,
lass Dich bei mir stets ganz geh'n.
Toleranz bedeutet breites Denken,
ich möchte Dich stets recht verstehen.

ERKENNTNIS

Ich seh' nun uns beiden
in einem anderen Licht.
Erleuchtung durchwärmt,
sie durchdringt mich.
So manche Hoffnung schwand
oder sie zerbricht,
dafür die Erkenntnis der Bestimmung
enthüllte sich.

Wenige Worte genügen,
nur das Wichtigste fassend,
mit Händen auf Haut,
hauchzart heilend schreibend,
Grenzüberschreitungen stets liebend,
nichts lassend.

VÖLLIGE HINGABE

wieder und wieder
möchte ich mich
ohne Reue und Zweifel
furchtlos
endlos
zeitlos
grenzenlos
hemmungslos
aber nicht ziellos
Dir
dem Leben
und am Ende dem Tod
hingeben

LIEBE UND LEIDENSCHAFT

Wir geben uns
der Liebe hin,
weil sie uns
in Fülle & Kürze
zu geben vermag,
wonach wir suchen.
Im Prinzip
ein ganzes Leben lang.

Keiner weiß,
wie lange das Glück währt.
Begrenzter Zeit trotzend
versuchen wir
mit Fingern zu ertasten,
was unbegreiflich ist,
mit Lippen auszudrücken,
was unaussprechlich ist,
durch völlige Hingabe zu zeigen,
wie groß das Vertrauen ist.

Leidenschaftliche Liebe
ist etwas Wunderbares
solange sie nicht
Leiden schafft.

LEBENSWEG

Ich bin durch's Leben auf Dich zu gegangen,
über Umwege, Steine, hügeliges Land.
Hab manches lernen müssen, angefangen,
bis ich den Weg zur neuen Heimat fand.

Und denke ich an mein bisheriges Streben,
an meiner Jugend Wandern dort und hier,
so ist mir oft: es war mein ganzes Leben
ein langer unbeirrter Weg zu Dir.

(nach B. von Münchhausen)

GEAHNTE EWIGKEIT

Die Liebe ist totales Entzücken
ein sich gegenseitiges Beglücken

die Lust und die Sünde
der Ursprung aller Gründe

eine empfundene Gleichheit
bei verlorener Furchtlosigkeit

vernichtetes Gefühl für die Zeit
Liebe ist geahnte Ewigkeit

V.
Loslassen lernen

DER SICH SCHLIESSENDE KREIS

Der Anfang bereits das Ende
in sich trägt.
Das Ende immer der Anfang
von etwas Neuem ist.

Die Erde, einzigartig und wunderschön
sowohl der größte Friedhof ist
als auch die Wiege alles Seienden.
Beständig ist nur die Veränderung.

Lass diese Schönheit in Dich eindringen.
Sie gibt Dir die Dimension von etwas,
was Dir zwar nicht gehört,
von dem Du aber ein Teil bist.

Finde heraus, wer Du bist
sammele Eindrücke, Erfahrungen, Dinge,
um am Schluss alles wieder loszulassen
und ein Niemand zu sein.

Dein Ende ist ein neuer Anfang.
Sehe Dich nicht getrennt von dem,
was Du um Dich herum siehst.
Du bist ein Teil vom Ganzen, des Kreises.

Auch die Zeit ist kreisförmig,
Vorwärts-seitwärts gerichtet.
Sie dreht sich um sich selbst
- alles wiederholt sich.

LEBENSBAUM

Die Erde ist der Lebensbaum
und wir sind seine Blätter,
die hellgrün, zart, entfaltet kaum
zerzaust werden durch Wind und Wetter.

Wir baden gern im warmen Regen
singen, flüstern, rauschen im Wind,
recken uns dem Licht entgegen,
merken nicht, wie die Zeit verrinnt.

Unmerklich wechseln wir die Farben,
das Herbstkleid ist das Schönste von allen
Eh wir's begreifen, müssen wir Abschied sagen
und fallen.

(nach dem Gedicht „gewaschen" von Ines)

DIE WÜRDE DER FREIHEIT

Wenn es etwas gibt,
das Menschen Würde verleiht,
dann ist es die Freiheit,
das Recht auf Selbstbestimmung
und der Unverfügbarkeit.

Der Grundaffekt des vernünftigen Willens
strebt nach eigener Weiterentwicklung
sowie nach Vereinigung mit dem Geliebten,
begehrender sowie wohlwollender Liebe,
der Überwindung der Begrenztheit.

Vollkommener wird die Liebe
des ICH durch das DU.
Liebe erkennt das Wahre und drängt zum Handeln
gegen den Verfall und das Chaos.
Zum Handeln braucht es Freiheit.

Liebe ist ein Kind der Freiheit.
Die Freiheit der Wahl
führt zur Würde des Menschen.
Denn erst wenn man sich rührt,
spürt man seine Ketten.

Wahre Freiheit erwächst aus
dem schönen Zusammenspiel.
Es ist kein Zustand, den man erreicht hat,
sondern eine Schwingung im Netz des Lebens,
Ausdruck wieder und wieder erlebbarer Harmonie.

TRÄUME

Die besten Träume sind diejenigen,
die ohne Vorgaben von außen
ganz ungerichtet entstehen;
allein dastehen ohne große Versprechungen
oder Garantien.

Es sind diejenigen,
die so fern erscheinen,
so unerreichbar,
dass Viele sagen:
Es ist unmöglich zu schaffen

Stattdessen raten sie Dir
praktischer zu denken,
mehr Realist zu sein.
Und nach einiger Zeit
fängst Du an, ihnen zu glauben.
… doch nicht ganz,

weil Du
tief im Herzen
letztlich nur
Dir selbst vertraust.

Du weißt,
dass Du jemand bist
der das Zeug hat
hart und härter zu arbeiten,
es wieder und wieder zu probieren;
dass Du ungewohnte Kräfte haben wirst!

Du weißt,
dass Du
niemals aufgibst
und es schließlich schaffen wirst,
dass Du nie anfängst aufzuhören
und nie aufhörst anzufangen.

(nach einer mir unbekannten englischen Autorin)

POSITIVES DENKEN UND HANDELN

Bewegen geistiger Energie,
Wege aus der Lethargie,

Formgebung der Gedanken,
Fortführung ohne ein Schwanken.

Alles Seiende wurde zunächst erdacht
und so für uns sichtbar gemacht.

Beharrlich dem Ziel zustreben,
nicht zwischendurch aufgeben.

Andere am Glück teilhaben lassen,
nicmals verletzen, niemanden hassen.

Nicht das Beginnen wird belohnt
nur der Beharrliche thront.

NEUANFANG

Wenn der Kühnste der Ängstlichen
findet neuen alten Mut
wird aus dem Ziel sein eigener Anfang
und am Ende doch alles gut.

Entdecke die stärkste Deiner Schwächen,
lerne mit geschlossen Augen seh'n,
nimm Dir die Zeit, stets Zeit zu haben,
leichtfüßig den steinigen Lebensweg zu gehen.

Zitat von Konfuzius

*„Der steile, steinige Weg
nach oben
ist der gleiche wie der Weg
nach unten."*

STILLE

Stille klopft an die Tür.
Wieder mache ich nicht auf.
Die Uhr tickt stur Sekunden,
sagt mir „lauf davon, lauf!"

Die Decke senkt sich auf den Boden
und sucht nach Gründen
mich zu erdrücken, Lärm zu stiften,
während ich versuche, Ruhe zu finden.

Mein größter Wunsch und Wille
ist mehr Ruhe und mehr Zeit,
im Alltag mehr Freundlichkeit.
Momente der friedlichen Stille.

Ach wäre hier die Ruhe,
in mir innerer Friede und ich
ein Teil dieser Stille
- doch ich bin es nicht.

ZEIT

Hat man sie nicht,
so muss man sie sich nehmen.
Wird sie gestohlen,
dann sollte man sich schämen.

Das Streben nach Ruhm
und irdischen Gaben
verdeckt den Blick auf das,
was die meisten nicht haben:

ZEIT
um sich und andere zu erfreuen, zu lachen,
Alltägliches mit Liebe,
hin und wieder
auch mal was Neues zu machen.

ZEIT
auch zum Verschenken,
nicht nur für sich selbst;
um Schuld zu vergeben
um endlich umzudenken.

ZEIT
einander zu danken,
zu wachsen,
miteinander zu reifen
aneinander empor zu ranken.

ZEIT
jeden Tag, jede Stunde auf Erden
als Glück zu empfinden,
sich und anderen treu,
ganz bescheiden zu werden.

.

ZEITPFEIL

Lang lebte ich mit dem Pfeil der Zeit,
der drängend uns die Richtung gibt.
Mit Dir hab ich mich davon befreit
von Zeit, die uns in Zukunft schiebt.

Bestimmt ist auch die Zeit gekrümmt
und wird von vielen nur nicht verstanden.
Ich bezweifle, dass die Richtung stimmt
und dass nur ein Weg ist vorhanden.

Lass uns die Zeit nicht mehr beachten,
lass uns verweilen, auch mal nach hinten sehen,
uns aneinander freuen, nach höheren Dingen trachten
dann wird die Zeit viel langsamer vergehen.

ZU

Wie ein roter Faden
zieht sich dieses Wort
durch das ganze Leben
ehrgeiziger Menschen.

Sie neigen daZU
von sich wie von anderen
ZU viel abZUverlangen
etwas unbedingt erreichen ZU wollen
ZU schnell
ZU entscheiden
ZUZUreden
ZU hohe Erwartungen ZU stellen
bei allem ZUgewinn und ZUspruch
ihre Familie, Freunde und sich ZU vernachlässigen
selbst ZU wenig
ZU erleben
ZU lieben
ZU loben
ZU lernen
ZU entspannen
und es ZU übertreiben
bis sie unZUfrieden werden
oder sogar ZUsammenklappen
und es ZU spät ist
umZUdenken..

INSELN

Ferienzeit.
Da-sein im Jetzt.
Inseln, umspült von Vergangenheit und Zukunft.
Halbherzige Flucht aus dem minutengenau tickenden Alltag.
Pendelbewegungen zwischen
Einsamkeit und Gemeinsamkeit,
Einkehr und Rückkehr.

Das Alleinsein auf einer Insel genießen.
Ausschlafen, lesen, nachdenken, etwas schreiben.
Sport in der sich vor dem Auge dehnenden Landschaft
bis zum selbst gewählten Punkt der Erschöpfung treiben können.
Mit geschlossenen Augen und hellwachen Sinnen
das beständige Atmen der Wellen in sich aufnehmen.
Das Schwimmen als Taufakt erleben,
durch das man – reingewaschen – vieles klarer denn je sieht.
Das Herz bis zum Überlaufen füllen
und erneut große Lust verspüren, sich wieder zu verströmen.

Zu begreifen beginnen:
Jeder ist eine Insel.
Zwischenmenschliche Beziehungen sind das Wasser,
was die Inseln miteinander verbindet.
Jeder braucht regelmäßige Zeiten des Alleinseins,
um neue Kräfte zu sammeln.
Einsamkeit kann auch etwas unglaublich Kostbares sein.

Von gangbaren Küsten erprobter Tatsachen & Erfahrungen aus
abenteuernd auf den Meeren der Phantasie kreuzend,
Inselhaftes in Dir und mir entdeckend,
die Weite zwischen Dir und mir lieben lernend,
diesen Raum für individuelle Entfaltungsmöglichkeiten nutzend,
mehr und mehr vom Zwang befreit,
alles was mich bewegt auch auszusprechen,
lasse ich die Gedanken und Gefühle mit dem Wind
hinauswehen zu Dir.

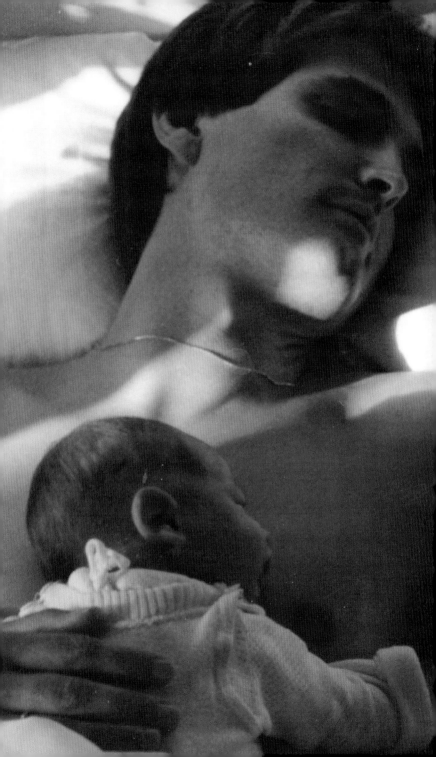

ZEITLOSE ZEIT

Seelen werden immer wieder
wiedergeboren,
um zu werden,
was sie sind.

Den nur kleinen Unterschied spüren
hilft sich selbst zu erkennen.
Jeder ist etwas Besonderes
auf seine eigene Weise.

Aber alle sind gleichermaßen vollkommen.
Wir vergessen es nur immer wieder.
Darum werden wir immer wieder
in zeitloser Zeit wiedergeboren.

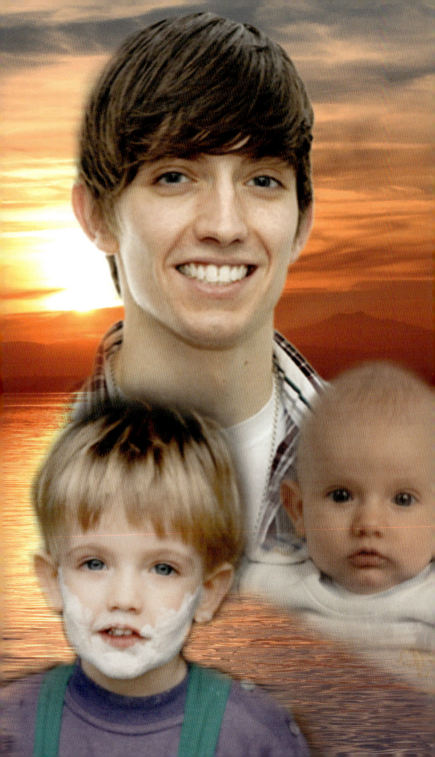

VERGEBUNG

Man kann Vergebung nicht erzwingen,
auch wenn man es will oder vorgibt.
Bemühe Dich dennoch ständig, verletzende Ereignisse
bereits durch innere Vergebung zu bewältigen.

Seelische Kränkungen rumoren in einem
verletzen zusätzlich, wieder und wieder.
Darum entferne durch Geisteswandel alle Blockaden,
werde Dir der Gegenwart der Liebe wieder bewusst.

Vergebung ist die Tugend der Könige,
Ausdruck der Souveränität einer Person.
Unfreie Personen handeln zwangsläufig,
lehnen die Verantwortung für ihr Handeln ab.

Verständnis und Nachsicht- auch uns selbst gegenüber
helfen Ängste, Ärger und Sorgen abzubauen.
Lebe in einem selbst erschaffenen Raum, dessen vier Ecken
Liebe, Freiheit, Vertrauen und Akzeptanz sind.

Befreie Dich von Verbitterung und Isolation
Vergebung bedeutet manchmal aufgeben, zu- oder loslassen.
Sie ist der kürzeste Weg zu einer beständigen Liebe.
In jedem von uns ist ein kleines, liebebedürftiges Kind.

SCHRITTE

Auf winzigen Füßen betrittst Du das Leben
das Dir das Gute, Wahre und Schöne will geben.
Klein ist Dein erster, klein auch Dein letzter Schritt,
den ich als Deine Mutter gern will gehen mit.

Schon bald beginnt die entgleitende Zeit,
die Suche nach dem Anderen, Deine Selbständigkeit.
Immer größer werden all Deine Schritte
Auf dem langen Weg zur inneren Mitte.

Früh schon verlässt Du den gemeinsamen Weg
Gehst eilenden Schrittes über Wiese, Stein und Steg.
Die meisten Deiner Schritte gehst Du fortan allein
und sehr oft kann niemand bei Dir, mein Kind, sein.

Es gibt keinen Weg zurück in das Kinderland,
nur eine kurze Begleitung an meiner wärmenden Hand.
Wie die Sonne am Himmel bleibt niemals steh'n,
so wirst Du mit dem Wind in die Weite geh'n.

Das Ziel stets vor Augen, auf Dich selbst vertrauend
Den geraden Weg suchend und stets darauf bauend,
so kannst Du jedes Unglück meiden oder gar wenden,
Die Welt liegt Dir zu Füßen, das Schicksal in Gottes Händen.

Wir alle wandern lange einer neuen Heimat zu,
wo wir hoffen zu finden unser Glück und die ersehnte Ruh.
Vielleicht nimmst Du in Gedanken Deine Mutter mit;
auf einem sehr schweren, Deinem letzten Schritt.

MUTTERLIEBE

Seid Du mich auf die Welt gebracht
warst Du für mich und meine Sorgen da.
Hast Du mich behütet mit Bedacht,
Dich um mehr als eine Nacht gebracht.

Wir haben zusammen geweint und gelacht.
Du hast mir viel gelernt und gegeben,
hast mir immer wieder neuen Mut gemacht.
-All das will ich auch meinen Kindern geben.

Manchmal haben wir gestritten, einander gekränkt,
uns voneinander entfernt und sofort vermisst.
Stets hast Du mir Deine Liebe geschenkt,
da eine Mutter das Gute und Schöne nie vergisst.

Leider verging die Kinderzeit wie im Flug.
Ich erinnere mich an Deine wärmenden Hände,
als meine Mutter mich in ihren Armen trug.
Mutterliebe ist ewig, wunderbar, ohne Ende.

Nun lebst Du allein im Süden, hörst der Stille zu.
Und uns beiden wird immer mehr klar:
Wir finden nur miteinander die ersehnte Ruh.
Denn alles fließt – nichts ist wie es war.

Auch ich bin nun Mutter und teile Deine Sorgen:
Weder meine Kinder noch will ich Dich wissen
in der weiten Welt allein. Weder heut noch morgen.
Drum lass Dich in Die Arme schließen und küssen.

VATER'S LEITGEDANKEN

Das Kind wird durch die Mutter geboren.
Geboren wird auch der Vater durch das Kind.

Liebe ist ein Tanz, bei dem man sich oft auf die
Füße tritt, bevor man die Schritte kann.

Es gibt leider kein Rezept für die Liebe.
Nur viele gute Zutaten.

Nicht die Schönheit entscheidet, wen wir lieben,
sondern die Liebe entscheidet, wen wir schön finden.

Für die Welt bist Du irgend jemand
Aber für irgend jemand bis du die Welt.

Wir sehen nur mit dem Herzen gut.
Das Wesentliche ist für die Augen unsichtbar.

Ein Augenblick der Geduld bewahrt vor Unheil
Ein Augenblick der Ungeduld kann Leben zerstören.

Glück besteht nicht darin, dass Du tun kannst was Du willst,
sondern, dass Du willst, was Du tust.

Das eigene gute Beispiel ist die beste Art,
andere Menschen sanft zu beeinflussen.

Wir haben nicht zu wenig Zeit,
wir verschwenden nur zu viel davon.

Damit das Mögliche gelingt, muss immer wieder
das Unmögliche versucht werden.

Das Lebensglück hängt von Deinen Gedanken ab:
Was Du heute denkst wird morgen sein.

Es liest und hört jeder nur das,
was er versteht.

Wer lange verheiratet ist versteht jedes Wort;
auch das, was nicht gesagt wurde.

LANGE VERHEIRATET

Still stehen sie nebeneinander da
brauchen sich nicht mehr viel zu sagen.
Sie nehmen ihre Umwelt liebevoll wahr
ruhen sich aus vom Schicksal ertragen.

Ihr Schweigen gleicht nicht dem Schweigen,
ewige Seelen erfüllen den Raum.
Auch wenn ihre Erdentage sich neigen
fürchten Sie das nahende Ende kaum.

Stets standen sie einander zur Seite
die Liebe hat sie nie verlassen.
Sie atmen die neue Stille und Weite
während ihre eigenen Farben verblassen.

Der Tod zieht immer engere Kreise
die Zahl der Freunde nimmt weiter ab.
Er zwingt gnadenlos, ganz still und leise
auch diese beiden zu sich ins Grab.

IN MEINEM NEUEN LEBEN

…möchte ich versuchen
mit meinen eigenen Fehlern
und denen der anderen
besser umzugehen.

…will ich nicht mehr
so perfekt sein wollen,
sondern mich und andere so annehmen
wie ich bin bzw. wie sie sind.

…werde ich täglich versuchen
bescheidener zu werden
mehr zu entspannen,
weniger Dinge so ernst zu nehmen.

…will ich den Dingen mehr freien Lauf lassen
weniger pushen und weniger frustriert sein,
wenn sich die Dinge wieder einmal
anders entwickeln als ich will.

… sollte ich nicht mehr jede freie Minute
fruchtbar verbringen wollen,
sondern endlich versuchen
mehr gute Augenblicke zu haben.

Aus diesen Augenblicken besteht nämlich
das Leben
- nur aus Augenblicken -
vergiss nicht den jetzigen!

ANFANG UND ENDE

Heut ist der Anfang
vom Rest Deines Lebens.
Gutes wird vergessen,
war doch nie vergebens.

Jeder Tag vergeht nun
ein wenig schneller.
Aus der Ferne schimmert
das Licht immer heller.

Alles was ist,
wird mal vergehen.
Alles was sein soll
wird kurz geschehen.

Für uns unsichtbar bleiben
aber immer da sein
und immer wieder
mal kurz möglich erscheinen.

NACHWORT

Der Wunsch zu dichten entstand in dem Augenblick, als ich als Literatur-Studentin folgendes Gedicht von Rainer-Maria Rilke las, das bis heute in mir einen unbändigen Lebenswillen, überspringende Lebensfreude und einen steten Freiheitsdrang provoziert.

DER PANTHER

Sein Blick ist vom Vorübergehn der Stäbe
so müd' geworden, dass er nichts mehr hält.
Ihm ist, als ob es tausend Stäbe gäbe
und hinter tausend Stäben keine Welt.

Der weiche Gang geschmeidig starker Schritte,
der sich im allerkleinsten Kreise dreht
ist wie ein Tanz von Kraft um eine Mitte,
in der betäubt ein großer Wille steht.

Nur manchmal schiebt der Vorhang der Pupille
sich lautlos auf - . Dann geht ein Bild hinein,
geht durch der Glieder angespannte Stille
und hört im Herzen auf zu sein.

Inzwischen sind 25 Jahre vergangen, in denen ich neue zwischenmenschliche, poetische und spirituelle Erfahrungen zur lebensverändernden Erkenntnisgewinnung heranziehen konnte. Trotz guten Willens habe ich leider viele Fehler in meinem Leben gemacht, meist weil mir die Reife und Weitsicht noch fehlte oder ich falsche Prioritäten gesetzt habe. An dieser Stelle möchte ich mich (z. Teil nochmals) öffentlich bei Allen entschuldigen, denen ich Unrecht getan oder denen ich zu wenig Aufmerksamkeit und Liebe geschenkt habe. Andererseits habe ich bereits viele menschliche Enttäuschungen, Schmerzen und Sorgen ertragen müssen, leide ich immer noch und immer wieder. Deshalb möchte ich alle Mitmenschen dazu anregen, auf Schuldzuweisungen ganz zu verzichten, da sie nur dem Zweck dienen, das eigene Handeln zu rechtfertigen. Egoismus, Intoleranz und Hass führen zu noch mehr Leid als ohnehin schon in der Welt ist. In jedem Menschen wohnt eine Art Monster, das nur durch Ehrlichkeit, Offenheit, Toleranz und Liebe besiegt werden kann. Erstaunlicherweise können wir dabei von Babys viel lernen. Sie sind neugierig auf das Leben, reagieren voll Vertrauen und Freude auf die Welt um sie herum. Lasst uns achtsam miteinander, mit Tieren und der gesamten Umwelt umgehen!

Da sich die Welt so schnell verändert wie noch nie zuvor scheint es mir sinnvoll, sich mit Themen auseinander zu setzen, die ein neues ganzheitlicheres Bewusstsein fördern. Albert Einstein erkannte schon: „Probleme kann man niemals mit derselben Denkweise lösen, durch die sie entstanden sind." Die Innovationskraft von Visionären aus allen Lebensbereichen ist gefragt, um uns aus den Krisen dieser Zeit zu helfen. Schön ist es, wenigstens einen kleinen

Beitrag dazu leisten zu können: Der Tropfen, der auf einen ruhigen See fällt und eine kurze Zeit lang immer größer werdende Kreise bildet, bevor er mit dem See EINS wird, soll symbolisch dafür stehen. Beispielsweise: seitdem ich mich damit beschäftigt habe, wie Nutztiere in der Massentierhaltung leben und wie grausam sie oft sterben, ernähre ich mich bewusster und nahezu vegetarisch.

Wichtiger als alle Theorien über die Entstehung der Welt ist mir, dass ich mittlerweile mit allen Sinnen spüre, dass ich bereits vor der Menschwerdung ein Teil dieses Universums gewesen bin. Allein durch die Beschäftigung mit theologischen Texten begreift man kaum den tieferen Sinn des Begriffes ‚EWIGES LEBEN'. Ich meine, man erkennt nur durch die möglichst alles umfassende Liebe und durch bestmögliche tägliche Hingabe, was alles schon immer war und immer sein wird.

Es gelingt mir immer besser, die Welt um mich herum mit einem kindlichen Staunen zu betrachten, das kaum in Worten ausgedrückt werden kann, weil nahezu alles, was nicht Menschenwerk ist, von einer Schönheit und Perfektion ist, die von einer höheren Intelligenz durchdrungen zu sein scheint, die die Einen Gott, die Anderen Geist der Natur oder Universelle Energie nennen.

Die Verschiedenheit der Begriffe verbirgt die ihnen innewohnende Gleichheit. Für mich ist das Göttliche in den Rundungen eines Steines, in der Farbe der Blumen, in der Wärme der Sonne, etc. Seitdem ich mich im Einklang mit der Natur fühle, kann ich über mich selbst hinauswachsen, sowie ich mich, mein Ego, demütig zurücknehme.

Ich begreife immer mehr, dass alles SEIN viel wichtiger als das HABEN ist. Anstatt meine Gedanken dauernd auf

Ziele in der Zukunft zu richten oder mich wehmütig an schöne Erlebnisse in der Vergangenheit zu erinnern, manifestiert sich in mir die innere Gewissheit, dass das unmittelbare JETZT bereits Ziel und Erfüllung meines Lebens ist.

Daraus erwächst die lang ersehnte innere Ruhe, das Gefühl einer wohltuenden Erleichterung und Entspannung. Bedeutsamer als die Jagd nach dem unbeständigen Glück ist die Bejahung des Lebens in seiner Unvollkommenheit, denn das Leben besteht nun mal weniger aus Glücksmomenten als aus Veränderungen und Schwierigkeiten, die wiederum einen tieferen Sinn enthalten, der der sich uns nicht immer erschließt. (zumal wenn das Leid sinnlos ist)

Dieses neue Lebensgefühl begleitet mich seither im Alltag, der leider oft stressig ist. Jedoch, wie man das Schwimmen oder Fahrrad fahren nicht verlernt, auch wenn man es lange nicht mehr ausgeübt hat, so zehre ich nun Tag für Tag von jener wunderbaren Erkenntnis.

Herzlichst *Birgit Schneider*

Impressum

Bildnachweis Innenteil
Bildagentur fotolia: Seite 15, 20, 22, 28, 42, 52, 54, 56, 68, 74, 78, 82, 84, 107, 111, 117, 124, 128, 145, 153, 154, 162, 166,184, 185

Bildagentur istock: Seite 13, 14, 18, 19, 21, 23, 24, 26, 29, 30, 32, 36, 38, 39, 44, 46, 48, 50, 51, 58, 60, 62, 64, 66, 72, 73, 83, 86, 90, 91, 94, 96, 98, 100, 102, 103, 104, 106, 110, 112, 114, 115, 116, 118, 120, 121, 122, 126, 130, 132, 134, 136, 138, 140,142, 147, 150, 152, 158, 160, 161, 164, 167, 170, 173, 185, 186, 191

Alle anderen Fotografien stammen aus Privatbesitz.

Bilder und Texte
Wir haben uns bemüht, alle Rechtinhaber zu ermitteln. Sollte es nicht in allen Fällen gelungen sein, bitten wir die Inhaber der Rechte sich zur Klärung an die Autorin zu wenden

Bibliografische Information der Deutschen Nationalbibliothek
Die Deutsche Nationalbibliothek verzeichnet diese Publikation in der Deutschen Nationalbibliografie; detaillierte bibliografische Daten sind im Internet über
http://dnb.d-nb.de abrufbar.

Alle Rechte vorbehalten

Es ist nicht gestattet, Texte dieses Buches zu scannen, in PCs oder auf CDs zu speichern oder mit Computern zu verändern oder einzeln oder zusammen mit anderen Bildvorlagen zu manipulieren, es sei denn mit schriftlicher Genehmigung des Verlages.

Copyright© 2010 Birgit Schneider, Glashütten
marixverlag GmbH, Wiesbaden
Covergestaltung: Dirk Swiderski
Satz und Bearbeitung: Dirk Swiderski
Gesamtherstellung: CPI books GmbH, Ulm
Printed in Germany

ISBN: 978-3-86539-773-7

www.marixverlag.de